Anonymous

Des Churbaierischen hohen Ritter-Ordens St. Georgii

Wappen-Kalender

Anonymous

Des Churbaierischen hohen Ritter-Ordens St. Georgii
Wappen-Kalender

ISBN/EAN: 9783744701686

Hergestellt in Europa, USA, Kanada, Australien, Japan

Cover: Foto ©ninafisch / pixelio.de

Weitere Bücher finden Sie auf **www.hansebooks.com**

EINRICHTUNG

und

STATUTEN

d e s

uralt ſchon in den Zeiten der Cru-
ciaden oder, Kreutzzügen berühmt
g e w e ſt,

u n t e r

CAROLO ALBERTO,

Kurfürſten aus Baiern, und nachmals Römiſchen Kaiſer allerglorwür-
digſten Angedenkens in der kurfürſtli-
chen Haupt- und Reſidenzſtadt München den 24 Tag Monaths April
im Jahre 1729

wiedererhobenen baieriſch - militäriſchen
h o h e n

RITTER-ORDENS,

des heil. Ritter und Martyrers

GEORGII

unter dem Titul deren Beſchützer der un-
befleckt empfangenen allerſeeligſten
JUNGFRAU MARIAE,

III^{te} FORTSEZUNG.

§. XXVII.

Vor völlig erreicht ein-
und zwanzig Jahre soll keiner
zum Ritter gemacht oder geschlagen werden. Die Herzogen in Baiern und Fürsten von
altregierenden Häusern ausge-
nommen: welchen der Grofsmeifter, wie ihme gefallen

LIII.
Das er-
forderli-
che Alte
eines je-
den Rit-
ters, un-
welche
davon
ausge-
nommer

* 2   wird

LIV. Erfordernifs der Reife in fremde Länder, und wodurch diefe erfetzet werden könne.

wird, das groſſe Kreutz gleich zu ertheilen Macht hat. Auſſer diefen aber follen auch alle jene Cavalier, ſo zu Ritter genommen werden, vorhero ihre Reiſe in fremde Länder vollendet haben. Eine Erfordernifs, welche auch durch drey gemachte Feldzüge erfetzet werden kann.

LV. Wie es mit jenen ſich verhält, ſo das groſs oder mittere Kreuz nur ad honores verlangen, und welcher Rang ihnen zukömmet.

§. XXVIII.

Wenn Herzogen aus dem Kurhauſe Baiern, oder einige fremde Fürſten, auch ſonſt vorzügliche Perſonen den Orden verlangen follten, kann jeder Grofsmeiſter, nachdem er vorher zum Ritter geſchlagen worden, und das kleine Ritter-Kreuz erhalten, ſelbigen gleich das groſe oder mittere Kreuz mittheilen, doch nur zur Ehre oder ad honores, und ohne daſs ſolche zu einer Commendur gelangen, noch einen andern Gang und Range als ihres

res Ordens Alter nach, unter der Art des Kreuzes, so sie tragen, nehmen können. Wenn aber einige aus selbigen auch zu einer wirklichen Commenderie verlangten, sollen sie, wie alle andere vorher um das kleinere Ritterkreuz einkommen, und die Ordnung, nach dem Alter, oder die Gnade des Großmeisters bey sich ergebenden Erledigungs-Falle erwarten; die zu dem Orden erforderliche Ahnen Proben wie bey hohen Reichsstiftern machen auch zur Beybehaltung guter Einverständnis in dem Orden überhaupt, unter denen Rittern den Gang und Range, wie oben erinnert worden, nach dem Alter von der Zeit, da sie in selben eingetreten, haben.

§. XXIX.

Jeder Ritter ist verbunden, das Ordens Kreuz, wo er immer erscheint öffentlich und be-

☆ 3

LVI.
Fürsten v. alt- und großen Häusern haben auch ihre Ahnen Proben zu machen, wie alle übrige Ritter, wenn Sie auch schon nur ad honores nach dem vorher geschehenen Ritterschlag das Commendeur. oder Großcommendurkreuz ad honores erhalten.

LVII.
Schuldigkeit, das Ordens-

kreuz of-
fentlich
zu tra-
gen.

LVIII.
Strafe
derjeni-
gen, so
folches
entwe-
der mit
Bedacht,
oder aus
Vergef-
fenheit
unterlaf-
fen.

LIX.
Verboth,
das von
dem Or-
den em-
pfangene
Kreuz zu
veräuf-
fern, oder
zu verfe-
tzen.

LX.
Die
Wahl ei-
nes Or-
dens
Grofs-
kanzler,

beſtändig zu tragen, und zwar
bey Verlurſt deſſelben, wenn
er ſolches vorſätzlich abgelegt
zu haben überzeuget werden
ſollte ; hätte er ſolches aber
blofs aus Vergeſſenheit unter-
laſſen, hat er zur Strafe für die
abgeſtorbene Ordens - Ritter
eine heilige Meſſe leſen zu laſſen. Es kann auch kein Ritter
das ihme vom Orden ertheilte
Kreuz bey ſchwerer Strafe, die
ihme der Grofsmeiſter vorbe-
hält, weder vertauſchen, ver-
ſezen, oder wie es immer ſeyn
mag, verbringen und veräuſ-
ſern.

§. XXX.

Geſammte Grofs - Prioren,
Grofs - Kreuze und Commendeur haben nach allemal ver-
floſſenen drey Jahren einen
Ordens Grofskanzler zu er-
wählen ; worüber dem Grofsmeiſter neben ſeinen 2 Stimmen noch das votum deciſi-
vum

vum oder der endfcheidende Schatz-u Ceremonien Meifter, und wie es darmit zu balten.

Aufpruch fammt der Beftättigung der Wahl überhaupt verbleibet. Jeder Grofskanzler hat wegen feiner Mühewaltung aus denen Ordenseinkünften jährlich ein taufend Gulden zu erheben. Diefe Grofskanzlerswahl foll auch alle 3 Jahre wieder vorgenommen, und zu der Wahl eines neuen Grofskanzlers gefchritten werden. Woraus fich dann ergiebet, dafs der vorhin Erwählte die Kanzlersftelle über die erfte drey Jahre nicht weiter vertretten foll; es fey dann, dafs er in diefem feinen erledigten Amte durch eine neue Wahl capitulariter und einhellig beftättiget würde: welches fo oft gefchehen kann, als Mehrheit der Stimmen, und wiederholte Beftättigung des Grofsmeifters auf ihn fallen werden. Es haben weiters die Grofskreuze und Commandeurs aus denen 12 Commenduren gleichermaffen einen Schatzmeifter, welcher die Ordensgel-

LXI.

Was jedem von diefen drey Ordensftellen jährlich aus der Ordenscaffa zu verreichen kömmt.

der

✿ 4

der einzunehmen und zu ver-
rechnen haben follen, dann einen Ceremonienmeifter alfo,
dafs allemal nach verfloffenen
drey Jahren deren eine neue
Wahl, worinnen aber die ein-
hellige Beftättigung deren vo-
rigen ftatt haben kann, vorgenommen werden foll. Dem
Schatzmeifter werden aus der
Ordens - Caffa fünfhundert,
dem Ceremonienmeifter aber
zweyhundert fünfzig Gulden
jährlich gereicht werden.

§. XXXI.

· Der Orden feyert im Jahre
zwey Hauptfefte: als jenes
der unbefleckten Empfängnifs
Mariä den 8ten Tage Monaths
Decembris, dann das Feft des
heiligen Georgii den 24ten Tage
Monaths Aprilis. An welchen
zween feyerlichen Tagen,
nemlich an dem erften in der
vordern grofsen Hof-oder Refidenz Capelle; an dem ander-
ten

ten aber in der Ritter Capelle des heiligen Georgii der Gottesdienst mit Predigt und Hochamte wird gehalten werden. Alle Ritter haben in ihren Ordens-Habiten der Ordnung nach dabey zu erscheinen und zum Opfer zu gehen, das zu entrichtende Opfer selbst aber bleibet dem wühlkührlichen heimgestellet. Vor diesem feyerlichen Gottesdienste in der kurfürstlichen Hofkapelle um acht Uhr eine Messe gelesen werden, dem alle Ritter in ihren gewöhnlichen Kleidern beywohnen, und nachdem sie vorhero die Beicht, wo sie wollen, verrichtet haben, der Ordnung nach zum Tische des Herrn, die heilige Communion zu empfangen, gehen sollen.

LXIII.
Alle Ritter haben dabey in ihren Ordens-Habiten zu erscheinen.

LXIV.
Auf beyden dieser Ordens-Tagen gehen die gesammte Ritter der Ordnung nach zum Tische des Herrn.

§. XXXII.

An beeden diesen Ritterordenstagen wird ein Ordens-Capi-

LXV.
Das Ordenscapitel.

Capitel auf dem fogenannten Georgii Saal in der kurfürftlichen Refidenz, wobey d i e drey Grofsprioren, fechs wirkliche Grofskreuze, dann zwölf wirkliche Commendeurs in ihrenOrdens-Habiten zu erfcheinen, und ihremSitz undRange nach dem Alter ohne Unterfchied deren Fürften oder andern hohen Häufern zu nehmen, vor und nach dem Capitul, dann bey dem Gottesdienfte alle Ritter ohne Ausnahme zu erfcheinen haben.

LXVI. Die Abwefende auf diefen Ordenstagen haben ihre Abwefenheit fchriftlich zu entfchuldigen.

Sollte ein Grofs - Kreuz-Commendeur oderRitterKrankheit auch andern wichtigen Urfachen halber bey dem Ordensfefte nicht erfcheinen könne, haben felbige ihre Entfchuldigungen mit wahrer Vorbringung deren die ftatutenmäffige Gegenwart hindernden Urfachen einige Tage vor dem Ordensfefte, dem Ordensgrofkanzler geziemends zuzufchicken, damit felbiger in Capitulo vor dem durchlauchtigften sten Grosmeister verlesen werden mögen. Ferners soll, wenn Candidaten vorhanden, zeitig vor dem Ordensfeste von dem OrdensGrofskanzler eine Ordensdeputation von würklichen Grofskreuzen, und Commenduren mit der dem Ordensgrofskanzler freygeftellgeftellten Beftimmung Tages, und der Stunde, wenn felbige zufammen kommen folle, angefetzt, und die von dem Ordensfecretario vorzulegende; deren Canditaten Ahnen Probenzurfcharf-ftatutenmälligen Unterfuch und Prüfung vorgenommen werden; in dem Capitel aber felbft wird der Ordensgrofskanzler die von der angefetzt gewelften Ordens-Deputation darüber gefafste Meynung, und Gutachten, wie nicht weniger fonftige Vorfallenheiten, und was immer den Orden betreffen kann dem Grofsmeifter vorbringen. Deren Canditaten Stammenbäume follen darauf dem durchlauchtigften Grofsmeifter,

LXVII.

Diefe Entfchuldigungen werden in Capitulo offentlich verlefen.

LXVIII.

Deren Candidaten Proben, werden einige Tage vor dem Ordensfefte von einer angefetzten Deputation zur Unterfuchung vorgenommen.

LXIX.

Das darüber protocollirte Gutachten deren Herren Deputir-

ster, und gesammten Grofskreuzen u n d Commenduren
nochmal zur Ein und Durchse-
hung vorgelegt, und die Mehrheit der Stimmen d e r Auf-
nahme w e g e n begutachtet
werden.

Randnote: ten wird im vollen Ordens-rathe von denGrof-kanzler vorge-bracht.

LXX. Die Mehrheit der Stimmen die Auf-nahme betref-fend.

§. XXXIII.

Es können in beeden Haupt-
Capiteln nur drey Ritter und
nicht mehrere in den Orden
aufgenommen werden; es ist
aber dieses nur von jenen zu
verstehen, welche mit der Zeit
der Ordnung nach zu wirklichen Commenduren, und weiter erhoben zu werden antra-
gen; jene aber, welche nur
blofs zur Ehre oder ad honores
in den Orden zu kommen verlangen, werden vor überzäh-
lige gehalten, und können deren so viel seyn, und præstitis
præstandis angenommen werden, als es dem durchlauch-
tigsten Grofsmeister gnädigst
ge-

Randnote: LXXI. Wie viel Candida-ten auf beyden Ordens-festen aufge-nommen werden sollen.

LXXII. Jene ad honores sind von diesem Gesatze ausge-nommen.

gefallen wird. DieseRitter ad honores erscheinen, wie alle andere Ritter bey Kirchen- Tafel und sonstigen Ordensgepränge, niemalen aber in dem Capitel, und bey Ordensdeputationen, in ihren dem Ordenskreuze, so Sie tragen, gemäfsten Ordens - Habiten in Gang und Range der Zeit nach, da Sie eingekleidet worden.

§. XXXIV.

Es soll jeder Candidat, er sey geistlich-oder weltlichen Standes, zu Empfahgung des Kreuzes und zum Ritterschlag persönlich erscheinen, und kann keines von beyden durch etwa einen darzu benennten Anwalden empfangen werden. Sollte aber ein Fürst oder sonst vornehmer Herr aus wichtig befundenen Ursachen nicht erscheinen können, so soll selbiger mit vorhin erhaltener Erlaubnifse des Grofsmeifters

eine

LXXVI.
Die dar-
zu be-
ſtellte-
Anwal-
der be-
treffend.

eine mit eigener Handunter-
ſchrift und Pettſchaft verſehe-
ne ſchriftliche Urkunde; wodurch er einen Ritter aus dem
Orden ſtatt Seiner das Ordens-
kreuz oder den Ritterſchlag
mit gewöhnlichen Ceremo-
nien zu empfangen begwalti-
ge, dem Ordensgroſskanzler
zuzuſchicken nicht erman-
geln.

LXXVIII.
Der auf-
genom-
mene
Candidat
hat das
ſchriftli-
che Zeug-
niſs ſei-
ner ver-
richteten
Beicht
dem Or-
dens
Groſs-
kanzler
zu be-
händigen

§. XXXV.

An denen Feſttagen des heiligen Georgii, und der unbefleckten Empfängniſs Mariä,
hat der aufgenommene Ritter,
daſs er die Beicht verrichtet,
dem Ordensgroſskanzler ein
ſchriftliches Zeugniſs einzu-
händigen; mit dem Ritterſclag
aber, ſoll es wie folget gehalten werden.

(Die Fortſetzung folgt künftig.)

IMMACULATÆ VIRGINI IMMACULATA BAVARIA

Ios. Ant. Zimmermann S. Elect. et Stat. Prov. Bav. Caldiogr. Del. et sc. Mon.

IMMACULATÆ VIRGINI IMMACULATA BAVARIA

Jos. Ant. Zimmermann S. Elect. et Stat. Prov. Bav. Calchogr. Del. et sc. Mon.

IMMACVLATÆ VIRGINI IMMACVLATA BAVARIA

Jos. Ant. Zimmermann S. Elect. et Stat. Prov. Bav. Calchogr. Del. et sc. Mona

IVSTVS
VT PALMA
FLOREBIT

Ios. Ant. Zimmermann S. Elect. Stat. Pion. Bav. Calchagg. del. et sc. Monachy.

Benedictus XIII Pont. Max: Ord. militarem S. Equitis
ribus, prærogativis, Privilegiis, gratiis facultatibus
ex concessione et largitione Apostolicæ sedis Ordo mi
dignoscitur Anno MDCC XXVIII XV Kalendas A

et Mart. Georgii Bulla Pontif. confirmat hono
t indultis eum plane omnibus honeſtando, quibus
llt. Beatæ Mariæ Teutonicorum frui et potiri
rihs . Pontificatus Anno. V.

inNomine S^{ma} Trinitatis ✝ Immaculate Conceptæ Vir
hia, et exaltetur Dextera tua, Iustitia et Iudiciu

s ✠ et S. Equitio et Mart. Georgii ✝ Firmetur manus
sit Præparatio Sedis tuæ

Insignis Ordinis militaris Equestris S. Georgii Equites
rae Electore 37 ad magnam sacri et insignis Ordinis Equest
gati pacto confraternitatis foedere cum Militensibus c.

um literis á Ser.mo ac potentiß imo DD: Carolo Alberto Bava
r melitensis Magistrum Anto. Manuelii de l'ilhena in insulā ab le
ntra Turcas militant anno 1731.

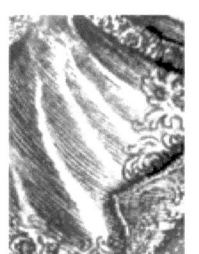

CARL THEODOR
PFALZGRAF BEY RHEIN
IN OB VND NIDER BAYERN
HERZOG
DES H.R.R. ERZTRVCHSES VND CHVRFVRST
ZV IULICH CLEVE VND BERG HERZOG &
DES MILITAER: HOHEN RITTER
ORDENS S.GEORGII ZEIT DER
WIDER ERHEBVNG DES HO
HEN RITTER ORDENS DRIT
TER GROSMEISTER VON 30
DECEMBRIS
1777

SIGILLUM OR: DINIS.

STA: TUTA OR: DINIS. MDCCXX IX.

CARL
AUGUST
Pfalzgraf bej Rhein,
Herzog in Bajern, zu
Iulich, Cleve, und Berg,
Fürst zu Mörs, Graf zu
Veldenz, Sponheim, der
Mark Ravensperg, und
Rappoltstein, Herr zu
Ravenstein, u. Hohenak, xx.
des Bajerisch Militarisch-
Hohen Ritter Ordens St.
Georgii Grofs Prior.
vom 24. April. 1780.

Sumpreiwrth Sc.

Jungwierth Sc.

MAXIMILIAN IOSEPH Pfalzgraf bey Rhein, Herzog in Bajern, zu Iulich, Cleve, u. Berg, Fürſt zu Mörs, Graf zu Veldenz, Sponheim, der Mark Ravenſperg, u. Rappolſtein, Herr zu Ravenſtein, u. Hohenak ꝛꝛꝛ des Bajeriſch - Militariſch-Hohen Ritter Ordens St. Georgü Groſs Prior vom 24ᵗᵉⁿ April, 1780.

IOSEPH XAVERI
des H.RR. Graf von
Haslang aufgeschworen ü.
zum Ritter geschlagen den
8 Decem 1729, Comendeur
von 8 Decem 1730, grosKreuz
Herr den 24 April 1747

IOSEPH FR ANC. MARIA
Reichsgraf von Seinsheim
Aufgeschworen und zum Ritter
geschlagen den 8 Decem. 1730 Co-
mendeur und Capitular
Herr den 24 Apr. 1738. Capi-
tular Groscomenthur den 8
Decem 1750

Max Iungwierth sc: M

IOSEPH CLEMENS
des H.R.R. Graf Topor Morawi-
zky aufgeschworen und
zum Ritter geschlagen
den 8 Decem. 1737, Comen
deur den 8 Decem. 1759,
grosKreuzherr den 24
April 1762.

Joh. Ant. Zimmermann S: Elect. et Stat. Provinc: Bav Calchogr. ju Monach.

ANGELVS ANTONI
Graf von Leone aufge
schworen und zum
Ritter geschlagen den
8 Decem. 1747. Comendeur
den 8 Decem. 1748. Gros.
kreuzherr den 29 Ap.1770

J. A. Zimermann S. Cet S. R. B. Ch. sc. Monachÿ

CARLWILHELM des HRR GRAF und
Herr von und zu Daun aufgeſch
woren und zum Ritter geſchla
gen den 30 Ap 1753 Comendeur
und Capitularherr den 8 Decē
1764 Capitular grosComen
thur, J, den 26 April 1772

J. A. Zimmerman   S. C. et S. P. D. Calzhoer sc. Mon.

FRANZ JOSEPH XAV.
des H.R.R. Fürst von
Hohenlohe Schillingsfürst
als Ritterbürtiges geistliches Mitglied aufgeschwo-
ren den 24 April
1771 Comendeur eodē
die et Anno. gros Kreuz
Herr den 26 April 1772

Jos. Hickel pinx Vienna.   Jos. A. Zimermann S. C. et R. P. B. Ch. Sc. M.

CHRISTI AN AVGVST
des H.RR. Graf von König
sfeld aufgeschworen und
zum Ritter geschlagen den
8 Decem 1745. Comendeur u
Capitularherr den 24 Apr.
1756. Capitular grosComenthur
den 8 Decem. 1772

Georg Desmarees P.A. pinx 1765.   Jos. A. Zimmermann S.C et J.H.Ch. sc.

AVGVST IOSEPH REICHS
Graf und Herr von Grons
feld, Graf v Töring aufge-
Ichworen und zum Ritter
gelchlagen den 24 April 17.
31. Comendeur und Capitu
larherr den 8 Decem 1763.
Capitular Groscomenthur den
24   April   1773

J. A. Zimmermann S. Sc. S. P. B. Ch.

PHILIPP FRANTZ
Wilderich des H.R.R
Graf von Walderdorf als
geiſtl. Ritterbürtiges Mit
glied aufgeſchworen
den 8 Decem .1769 Com
mendeur den 29 April.
1770, gr⁹ Kreuzherr den 24 Apr.
1774

Ios. A. Zimermann Sc. et S.I. B. Ch. Sc.

Ioseph
Ferdinand Guidowald, des
H.R.R. Gräf von Spaur, als
Geistl. Ritterbürtiges Mitglid
aufgeschworen den 8 De-
cem. 1749. Comendeur, u.
würck. ordens Dechant
von 8 Decem. 1761. groskreuz
herr. u inful. ord. Probst von
8 Decem 1774. des H.R.O.
und zu Abila Bischof
den 24 Apr. 1780.

Etlinger pinx.   J. A. Zimermann S. C. B. et S. P. Bav. sc.

ADAM WILHELM
FERDINAND von LÜZLBVRG
aufgeschworen und zum Ritter ge
schlagen den 8. Decemb. 1734.
Comendeur und Capitular
herr den 24 April. 1758
Capitular Grofcom-
menthur den 8 Dec. 1775.

Iohann Franz Georg
Ernest von Sturmfeder.
aufgeschworen, u. zum Rit=
ter geschlagen d. 24. April
1779. annemlichen Tage Com=
mendeur, und darauf Gros
Kreutz Herr.

Jungwierth sc. Mon.

Iohan Adalbert Freyherr von
Bodmann als Ritterburtiges
Geistl. Mitglied aufgeschworē
den 24. Avril. 1761. Comendeur
und wurcklicher Ordens
Dechant den 8. Decb. 1761.
Gros-kreutz Herr ū. Infulirter
Rit. Ord. Probst.
dē 24. April. 1790.

Carl Albert Graf Minu=
cci ausgeschworen und
zum Ritter geschlagen
worden den 8. Dec. 1745.
Coment: und Capitular=
herr den 8. Dece:
1769. Gros Com: Cap:
den 8. Dec: 1780.

Gia Grego Verona del   Crif. Dall Acqua Vicentino Scul.

Francis cus Graf
von Noga rola auf
geshworen und zum
Ritter geschlagen den
24 April 1757. Com =
menthur den 24 Apr.
176 8. Gros Kreüz Herr
den 8 Dec 1780.

Clemens   Maximilian
des H.R.R.   Grafs zu Lo
dron als geistl. Ritter
bürtiges Mitglied auf ge
schwohren den 24 April
1768. Comendeur den 8.t
Decem: 1768 Groß Kreutz
Herr den 24. April 1781.

Vila Grego Verona del · · · · · · · · · · Crif.a Dell Acqua Vicentino Scul.

Francis cus Graf
von Noga rola auf
geshworen und zum
Ritter geschlagen den
24 April 1767. Com =
menthur den 24 Apr:
1768. Gros Kreuz Herr
den 8 Dec 1780.

Clemens   Maximilian
des H.R.R.   Grafzu Lo
dron als geiſtl. Ritter
bürtiges Mitglied auſ ge
ſchwohren den 24 April
1768. Comendeur den 8.ᵗ
Decem:1768 Groſs Kreutz
Herr den 24 April 1781

Ritter-Ordens
Bischof.

S. P. T. Se. Excell. der hochwürdig, hochgebohrne Hr. Joseph Ferdinand Guidobald, des H. R. R. Graf von Spaur, auf Pflaum und Valör &c. Weyl. Sr. dann ihrer jeztregierenden Churfürstl. Durchl. zu Baiern und Pfalz-Baiern &c. wirkl. geheim. Rath und des Churf. Bücher-Censurcolleg. Vice-Präsident, beyder Churf. Collegiat-Stiftern zu München und Altenötting Probst, dann einer Löbl. Kurbaier. Landschaft Verordneter und Rechnungsaufnehmer.

Ritter-Ordens
Grofskanzler.

S. P. T. Se. Excell. der hochgebohrne Herr Joseph Franz Maria des H. R. R. graf von Seinsheim Herr der Herrschaft Sinching, Weng und Mofsweng, Seehaufsen, hohen Rottenheim,

heim, Erlach, Markbreith, Prezfeld, Wanbach, dann Grafentraubach, Grafslfing, Hofkirchen, und Schönach, Sr. jeztregierend, wie auch ihrer in Gott ruhend Röm. Kaiferl. Majeftät dann weyl. S. Churfl. Durchleucht zu Baiern, auch dermaligen Durchl. Churfürften zu Pfalz-Baiern wirkl. geheimer Rath, Conferenzminifter, und Oberfthofmeifter, Pfleger zu Schongau, wie auch Ober-Erbkammerer, des Herzogthums Franken.

Infulirter Ritter-Ordens
Probft.

S. P. T. Der hochwürdig, hochwohlgebohrne Herr Johann Adalbert, des H. R. R. Freyherr von Bodmann, deren Fürftl. hohen Domftiftern zu Freyfing Domdechant, und Erzpriefter, dann zu Regensburg Kapitular, Churtrierifch auch Fürftl. Freyfingifcher und Regensburgifcher wirkl. geheimer Rath, Hofraths-Präfident zu Freyfing, und geiftl. Raths-Vice-Präfident zu Regensburg, dann des Churfürftl. lobl. Collegiatsftifts in Landshut infulirter Probft, und Probft zum Heil. Emmeran in Spalt.

NORBERT IOHAN
des H.R.R. Graf von Ter
ring u. Dengling auf
Iettenbach aufgeschworen
und zum Ritter geschlagen
den 8 Decem 1740 Comende
ur und Capitularherr den 24
April 1759

IOHAN   IOSEPH
v.Vöhlin   v.Fricken
hausen   des H.RR.
Freyherr aufgeschworen
und zum Ritter geschla.
gen den 24 Apr 1758 Com.
mendeur den 8 Decem. 1763

CARL　　IOSEPH
des H.R.R　　Graf vTauf.
Kirch zuGuftenburg auf
gelchworen worden und
zu Ritter gelchlagen den
24 April 1741, Comendeur
und Capitular Herr den
30 April 1764.

CARL MAX des H.R.R.
Graf von Taufkir
chen Iben aufgesch
woren und zum Ritter
geschlagen den 24 April
1755 Comendeur und Ca
pitular Herr den 24 April
1766

ANTON WILIBALD des H.R.R.
Erbtruch ses Graf.
von Wolfegg als Ritterbur
tig geistliches Mitglied auf
geschworen den 24 April
1761 Comenthur den 24 Apr
1769.

IOHANN   IOSEPH
David des H.R.R.Grafv.
Lodron aufgeschworen
und zum Ritter geschla
gen den 6 Decem 1745.
Comendeur und Capitu
larherr den 26 April 1767

JOHANN THEODOR
von WaldKirch aufge-
schworen und zu Ritter ge
schlagen den 8 Decem. 1754
Comendeur und Capitular
herr den 8 Decem 1767

GABRIEL FERDINand
des H.R.R. Graf von
Valvaso no aufge
schworen und zu Ritter
geschlagen den 24 April
1759. Comendeur den 8 De
cem 1767.

IOSEPH FERDINAND
des H.R.R. Graf zu
Rheinstein u. Tattenbach
aufgeschwo ren und zu
Ritter geschlagen den 24
April 1769 Comendeur
und Capitularherr den
29 Apr. 1770

IOANN   CHRI
STOPH   ERDMAN
des HRR   Graf v. Prey
sing freyherr von alten Prey
sing genant Cronwinckel auf
Liechtenegg. aufgeschworen
und zum Ritter geschlagen
den 24 Apr. 1746 Comendeur
û Capitularherr den 8 Decem
1772

SIGISMONDO COMTE
Spreti aufgeschwo
ren und zum Ritter ge
schlagen den 24 Apr. 1758
Comendeur und Capitu
larherr den 8 Decem 1772

MAX: PROCOPIUS
dos H.R.R Graf v Toring
und Dengling auf Ief
tenbach als geistl Ritter
bürtiges Mitglied auf
geschworen den 8 Decem
1769, Comendeur u wurck
Ordens Dechcant den 8 Dec
1772

IOANMAR · QUARD
des HRR Graf v Kreith
aufgeschworen und zum
Ritter geschlagen den
8 Decembr 1766 Comende
ur den 8 Decembr 1772

JOSE PHVS
des H. R.R.
Graf v. Konigsfeld als
geistl. Ritterburtiges
Mitglied aufgeschworen
den 8 Decem. 1770 Comen
deur und würx. Ordens
Dechant den 8 Decem. 1774

FRANÇ   ANTON
des H.R.R.Freyherr Sege
sser von Bruiegg auf
geschworen und zum
Ritter geschlagen
den 24 April.1756
Comendeur und Ca
pitularherr den 24
Apr.1775

MAX. ANTON IOSEPH des HRR.
Graf v.Toring zu Seefeld aufgeschworen und zum Ritter geschlagen den 8.Decem 1748 Comendeur und Capitular-
herr den 24.Apr.1777

IOHANN THEODOR des
H.R.R. Graf Topor Morawitzky
aufgeschworen und zumRit-
ter geschlagen den 8 Decem
1759. Comendeur und Capi-
tularherr den 9 Decem 1778

GEORG SIGMVND
Graf v. Portia aufge
schworen als geistl.
Ritterbürtiges Mitglied
den 24 Apr. 1773 Rit.
ter ordens Dechant
und Comendeur den
9 Decem 1778

Franz   *Emanuel*
Reichs Graf v Törring von
Iettenbach und Gronsfeld als
Geiſtlich Ritter bürtiges Mit
glid aufgeschworen den 24 Ap:
1777. Comentuur ü Ord:Dech:
den 24 Apr. 1780

Gerolamo Conte de Leone
aufgeschworen und zum
Ritter geschlagen den
24: April 1749 Comend:
und Capitular Herr
den 8: Dece: 1780

Iosephus Maria Ludovicus Marchio Angelelli Malvezzi Senator Bononiensis, auß geschwerē und zum Ritter geschlagen den 24. Appr. 1782.

.

CARL FRANZ
v und zu Murach auf
geschworen und zum
Ritter geschlagen den
24 Apr. 1769

...ter - Ordens
...atzmeiſter.

...p ... Se. Excell. der hochwohlgebohrne Herr Franz Anton des H. R. R.
Feyherr von Segeſser von Brunegg,
und Wartenſee Sr. Churfl. Durchl. zu
Pfalzbaiern Kammerer, und wirkl. geheimer Rath, dann Ihrer Durchl. der
verwittibten Fr. Fr. Churfürſtinn in
Baiern Maria Anna &c. &c. Oberſthof-
meiſter.

Ritter - Ordens
Ceremonienmeiſter.

Se. Excell. der hochwohlgebohrne
Johann Theodor von Waldkirch, Hr.
auf Schollenberg und Reutha Weyland, Sr. dann ihrer jeztregierenden
Churfl. Durchl. zu Baiern und Pfalz-
Baiern, Kammerer, wirkl. geheimer
Rath, Oberſtjägermeiſter und Pfleger
zu Mattigkofen, auch Hauptmauth-
ner, dann Wild-und Forſtmeiſter zu

Die vier Ritter-Ordens
Dechanten.

I. S. P. T. der hochwürdig hochgebohrne Herr Maximil. Procopius
des H. R. R. Graf von Törring Jettenbach, beeder Fürftl. Hochftifter
Freyfing und Regensburg Kapitular,
weyl. Sr. dann ihrer jeztregierend
Churfürftl. Durchl. zu Baiern und Pfalz-
Baiern &c geheimer Rath, und des
Collegiatftifts zu Straubingen infulirter Probft, Fürft-Freyfingifcher wirkl.
geheimer und geiftlicher Rath, auch
Hof- Kammer - Vice - Präfident, und
Fürftl. Regensburgifcher wirkl. geheimer und Confiftorial - Rath.

II. S. P. T. Der hochwürdig,
hochgebohrne Herr Jofeph Anton des
H. R. R. Graf von Konigsfeld, des
Fürftl. Domftifts Freyfing Kapitular
und

und Hofrath, des Churfürſtl. löbl. Collegiatsſtifts zu St. Wolffgang Probſt.

III. S. P. T. Der hochwürdig., hochgebohrne Herr Georg Sigmund Graf von Portia.

IV. S. P. T. Der Hochwürdig Hochgebohrne Herr Maximilian des H. R. R. Graf von Törring und Cronsfeld zu Jettenbach, des hohen Domſtifts zu Freyſing Kapitular.

ANTON CLEMENS
des H.R.R. Graf v. Toring
zu Seefeld aufgeschw
oren und zum Ritter
geschlagen den 2 4
Apr. 17 49

GEORG CLEMENS
des H.R.R.Freyherr v.
Gumppenberg auf Poltmes
aufgeschworen und zum
Ritter geschlagen den 8
Decem. 1749

FANO   IOSEPH
de.s H.RR.   Freyherr
Sege.sfer v Brunegg auf
ge.schworen und zum
Ritter ge.schlagen den 24
Apr.1750

CAIETAN IOSEPH
des HRR. Freyherr
v Gumppenberg auf Pöttmes
aufgeschworen und zum
Ritter geschlagen den 8
Decem 1750

Carl Felix von Bertrand
des H.R.R. Graf von Perusa —
Criechingen aufgeschworen
und Zum Ritter geschlagen
den 24. Apr. 1752.

IOSEPH   GEORG
des H.R.R.   Freyherr
v. Weichs auf   Falckenfels
aufgeschworen und zum
Ritter geschlagen den 24
Apr. 1754

IOHANN BAPTISTA
des H.R.R. Frey und Edler
Herr von Piezenau auf
geschworen und zum
Ritter geschlagen
den 24 Apr. 1738

PHILIPPVS NERIVS
des HRR. Graf v. und
zu Lerchen feld in Kö
fering aufgeschworen und
zum Ritter geschlagen den
8 Decem 1738

JOHANN   MAXIMILIAN
des H.R.R. Graf v Prey
sing Freyherr von Alt
en Preysing genant
Cronwinckel aufge.
Schworen und zum
Ritter geschlagen
den 8 Decem. 1758.

MAX EM ⚜ ANVEL
des HRR Freyherr
v Rechberg zu Hohenre
chberg aufgeschworen
und zum Ritter geschla
gen den 3 Decem 1758

IOHAN SIGMVND
des H.R.R. Graf v Preysing
Freyherr zu Altenprey
sing genant Cronwin=
ckel aufgeschworen
und zum Ritter geschlagen
den 24 April 1760

FRANC. SIGMVND
des H.RR Graf v. Has=
lang auf Hohenkamer
aufgeschworen und
zum Ritter geschlagen
den 24 Apr. 1762

Theodor   Ioseph
Hund des   H.R.R. Graf
von und zu Lautterbach,
außgeschworen und zum
Ritter geschlagē den 24.
April 1763.

MAX. FRANC.
Schenck des H.R.R.Frey
herr v.Castel aufgesch
woren und zum Ritter
geschlagen den 24 Apr. 1763

GIUSEPPE CONTE
Spreti augeschworen
und zum Ritter geschlagen
den 3 Decem 1763

IOHAN NEPOMVC
Goder des HRR Graf
zu Kriestorf aufgeschwo
rē und zum Ritter geschla
gen den 8 Decem. 1764

THEODOR CHRISTI
AN des HRR Graf von
Königsfeld aufgeschwo-
ren und zum Ritter
geschlagen den 8 Decem
1765

MAX. MICHAEL v. RENALDIS
aufgeschworen und zum
Ritter geschlagen den 8
Decem. 1705

MAX · IOSEPH
des HRR Freyherr
v.Lerchenfeld auf Aham
aufgeschworen und zum
Ritter geschlagen den 8
Decem 1765

FRANC IVLIV S v ZETT
WIZ aufgeschworen
und zum Ritter geschla
gen den 24 Apr. 1766

IOSEPH   FERDINAND
des H.R.R.   Freyherr v.
LErchenfeld   auf Aham
aufgeschworen und zum
Ritter geschlagen den 8 Decem. 1766

ADAM SEIFRID
des H.R.R.Frey herr v.Als
und neuen Fraunhofen
aufgeschworen und zum Ritter
geschlagen den 24 Apr.1767

MAX. IOHAN NEPOMVC
von Mayrho fen zu Co
burg und Anger aufgeschwo
ren und zum Ritter geschla
gen den 8 Decem. 1767

MAXIMILIAN IOSEPHUS
des H.R.R.Freyherr v.
Gumppenberg zu Breiten
egg aufgeschworen und
zum Ritter geschlagen
den 24 Apr. 1768

ANTON JOSEPH MARIA
der H.R.R. Freyherr von
Sandizel aufgeschworen
und zum Ritter geschlagen
den 8 Decem 1768

JOHANN CARL FRIDERICH
des H.R.R Freyherr v. und
zu Franckenstein aufge-
schworen und zum Ritt-
er geschlagen den 24
Apr. 1769

MAX ... TOBOR
des HRR. Graf Morawit.
zKy v. Tenzing aufgesch
woren und zum Ritter ge.
schlagen den 29 Apr. 1770

MAXI   MILIAN
des H.R.   R. Graf
Sedlnitz   ky Frey
und Panierherr v. Chol
titz aufgeschworen und
zum Ritter geschlagen
den 29 Apr. 1770

MAXIMILIAN JOSEPH
des H.RR.Graf v. Tö
rring v. Iettenbach auf
Dengling aufgeschwo
ren und zum Ritter
geschlagen den 8 Dec.
1771

MAXI MILIAN
Ioseph des H. R. R. Graf
und Herr v. und zu Daun
aufgeschworen und zum
Ritter geschlagen den 8
Decem. 1771

ANTON   des H.R.R.
Graf zu   Montfort und
Bregens aufgeschworen und
zum Ritter geschlagen den
26 Apr 1772

NICOLAUS
Graf v. Portia aufgeschwo
ren und zum Ritter geschla
gen den 26 Apr. 1772

MAXIMILIAN   CLEMENT
Ioseph Reichsgraf v.
Seinsheim aufgesch
woren und zum Ritter
geschlagen den 8 Decem
1772

MAX IOSEPH des H.RR.
Graf v.Paumgarten Fraun
stein aufgeschworen und
zū Ritter geschlagen den
24 Apr.1773

FRANC CHRISTOPH
des H.R.R.Freyherr
v. Reisach aufgeschw
oren und zum Ritter
geschlagen den 24 Apr
1773

DINA   DANVS
Graf v. Nogarola aufge-
schworen und zum Ritter
geschlagen den 24 Apr. 1774

THEODOR FRYHERR
v Ingenheim aufgeschwo
ren und zum Ritter ge
schlagen den 8 Dec 1774

GEORG   ANTON
Reichs Freyherr v. Stingl-
heim aufgeschworen und
zum Ritter geschlagen den
8 Decem. 1775

IO. SEPH AVGVST
der HRR Graf von
Törnig v Ietenbach und Grons
feld aufgeschworen und zum
Ritter geschlagen den 24 Apr.
1775.

ALPHONSVS
Graf Livizzani aufgeschworen und zum Ritter geschlagen
den 24 Apr. 1775

IOSEPH
des H R R Graf v Taufkirch auf
Guttenburg aufgeschworen und
zum Ritter geschlagen den 8
Dec. 1776

GEORG LVDWIG FREY
herr v. Hegnenberg genant
DVX aufgeschworen und
zum Ritter geschlagen den
8 Dec. 1776

CHRISTIAN　　AVGVST
des H.R.R Graf v. Königsfeld
aufgeschworen und zum Ritter
geschlagen den 24 Apr. 1777

IACOBVS PAVLVS
Graf v. Campana aufge
schworen und zum Rit
ter geschlagen den 8 Dec.
1777

IOSEPH MARIA
des H.R. R Freyherr v.
Weichs auf Falckenfels
aufgeschworen und zum
Ritter geschlagen den 24
Apr. 1778

CLEMENT AVGVST
HERMAN von WALDKIRCH
aufgeschworen und zum
Ritter geschlagen den 8 Decem: 1778

Maximilian Ioseph des
H:R:R: Freyherr von Lösch
zu Hilgertshausen, auf
geschwohren und zum
Ritter geschlagen den
24 Ap: 1773.

Franz *Friderich*
von Sturmfeder als Geiſtlich
Ritterbürtiges Mitglied, und
Zweÿter Ordens Capellan auf-
geschworen den 8. Xb. 1779.

Clement des H.R.R.
Graf von Törring zu See
feld aufgeschworen, und
zum Ritter geschlagen den
2t Dec. 1780.

Franz Iacob   Ferdinand v:
Müllenheim auf geschworen und
zum Ritter geschlagen den 8.
Dec:1780.

Damian Hugo Philipp Anton Freyherr von u zu Lehrbach als geiftlich Ritterbürtiges Mitglied aufge=schworen worden den 8. Dec. 1780

Joseph Graf von Mont=albano auf geschworen und zum Ritter geschlagen den 24. april 1781.

Maximilian Ioseph des
H:R:R: Freyherr von Lösch
zu Hilgertshausen, auf
geschwohren und zum
Ritter geschlagen den
24 Ap: 1779.

Franz Friderich
von Sturmfeder als Geiftlich
Ritterbürtiges Mitglied, und
Zweyter Ordens Capellan auf=
geschwooren den 8. Xb. 1779.

Jungwierth sc. Mon.

Clement des H.R.R.
Graf von Törring zu See
feld aufgeschworen, und
zum Ritter geschlagen den
8.ᵗ Dec. 1780.

Franz Iacob   Ferdinand v:
Müllenheim auf geschworen und
zum Ritter geschlagen den 8.
Dec: 1780.

Damian Hugo Phi-
lipp Anton Freyherr von u zu
Lehrbach als geistlich Ritterbürtiges Mitglied ausgeschworen worden den 8. Dec.
1780.

Joseph Graf von
Mont=albano auf
geschworen und zum Rit-
ter geschlagen den 24.
april 1781.

Maximilian Iohann Nepomuck
von Bertrand des H·R·R· Graf
von Perusa-Criechingen aufgeschworen, und zum Ritter
geschlagen den 30. April. 1782.

Antonius Felix Fortunatus Comes de Prampergo sive Prampero et Ravistagno, auf= geschworen und zum Ritter ge= schlagen worden den 24. april 1782.

Ioseph Carl Frey Herr von
Welden auf Hochaltingen, Herr
zu grosslaupheim u̇ Achstetten,
auf geschworen und zum Ritter
geschlagen worden den 8ᵗⁿ
Decem. 1782.

Ritter-Ordens

Capellänne.

I. S P. T. der hochwürdig, hochwohl-
gebohrne Herr Franz Friederich von
Sturmfeder, des hohen Domſtifts zu
Speyer Domizellar.

II. S. P. T. der hochwürdig, hochwohlgebohrne Hr. Damian Hugo Freyherr
von und zu Lehrbach, Sr. Kurfürſtl.
Durchl. zu Pfalzbaiern &c. wirkl.
geheimer Rath, dann des hohen
Domſtifts zu Freyſing Domicellar.

Ritter-Ordens

Recretaire.

Herr Ferdinand Bernhard Hofson
Churfürſtl. wirkl. Hofrath, auch Hof-
und Land-Herold und Wappen·Cen-
for, dann der Churfürſtlichen Geſell-
ſchaft Sittlich-und Landwirthſchaft-
licher Wiſſenſchaften zu Burghauſen
Mitglied.

Or-

Ordenszahlmeiſter.

Herr Georg Franz Engl, Churfl. Rath, dann Hof-und geiſtlicher Raths-Expeditor.

Ordenskanzelliſt.

Herr Max. Joſeph Blondeau, zugleich decretirter Wappenmahler.

Ordens-Garderober.

Herr Mathias Reinthaler

non omnis moriar

BONVM CERTAMEN

certavi, curſum conſumavi, fidem ſervavi. In
reliquo repoſita eſt mihi corona juſtitiæ.
2. Tim. 4. v. 7. & 8.

AUS
DEM DEN 24. TAG MONAT
APRIL, IM JAHRE 1729.
VON SR.
CHURFÜRSTLICHEN
DURCHLAUCHT
ZU
BAIERN &c. &c.
NACHMALS
R.K.MAJ.CAROLO ALBERTO
&c. &c. &c.

ALLERGLORW. ANGEDENKENS
FEYERLICHST WIEDER ERHOBENEN
MILITAR. HOHEN
RITTERORDEN
DES
HEIL. RITTER, UND MARTYRERS
GEORGII
&c.

Sind bis auf gegenwärtiges Jahre verſtorben
in der Zahl, wie folget:

MÜNCHEN
gedruckt bey Mar. Anna Voetterin, chuflr.
Hof-Abad und Landſchafftbuchdruckerin.

Großmeister.

1745. den 20. Jänner. ✝

Weyland der Allerdurchlauchtigſte, Großmächtigſte, und Unuberwindlichſte Furſt, und Hr. Hr. CARL der VII. erwählter Römiſcher Kaiſer, zu allen Zeiten Mehrer des Reiches, in Germanien, und Böheim Konig, in Ober - und Niederbaiern, auch der Obernpfalz Herzog, Pfalzgraf bey Rhein, Erzberzog zu Oeſterreich, und Landgraf zu Leuchtenberg &c. &c. &c. des milit. hohen Ritterordens des heil. Ritter und Martyrers Georgii unter dem Titel deren Beſchützern der unbeflekt empfangenen allerſeligſten Jungfrau Maria Wiedererheber, und Großmeiſter &c. &c. Allerglorwurdigſten Angedenkens.

1777. den 30. Decemb. ✝

Weyl. der Durchlauchtigſte Fürſt und Herr, Herr Maximilian Joſeph in Ober - und Niedern Baiern, auch der Obern Pfalz Herzog, Pfalzgraf bey Rhein, des H. R. R. Erztruchſeſs und Churfurſt, Landgraf zu Leuchtenberg, dann des milit. hohen Ritterordens des heiligen Ritter und Martyrers Georgii, unter den Titul deren Beſchützern der unbeflekt empfangenen allerſeligſten Jungfrauen Maria, Großmeiſter &c. &c. glorwurdigſten Angedenkens.

A 2　　　　Groſs-

Grofs-Priores.

1733. den 2. December. ✝

Weyland, der Durchlauchtigfte Fürft und Hr. Hr. Ludwig Jofeph, in Ober - und Niederbaiern, auch der Obernpfalz Herzog, Landgraf zu Leuchtenberg &c. &c. des Chur- baier. milit. hohen Ritterordens S. Georgii &c. Grofs-Prior, &c, &c. Hochftfeligen Angeden- kens.

1738. den 9. Decemb. ✝

Weyland, der Durchlauchtigfte Fürft und Hr. Hr. Ferdinand Maria, in Ober-und Niederbaiern, auch der Obernpfalz Herzog, Landgraf zu Leuchtenberg &c. &c. des Chur baier. milit. hohen Ritterorden S. Georgii &c. Grofs - Prior &c. &c. Hochftfeligen Ange- denkens.

1770. den 6. Auguft. ✝

Weyland, der Durchlauchtigfte Fürft. und Hr. Hr. Clemens Francifcus de Paula in Ober - und Niederbaiern, auch der Obern pfalz Herzog, Pfalzgraf bey Rhein, Landgraf zu Leuchtenberg &c. &c. des Churbaier. milit. hohen Ritterordens S. Georgii Grofs - Prior &c. &c. hochftfeligen Angedenkens.

Grofs-

Grofs-Commenthuren.

1735.
den 6. Dec. ✝

Gaudenz, des H. R. R. Freyherr von Rechberg, des Churbaierifchen milit. hohen Ritterordens S. Georgii Kapitular, Grofs-Commenthur &c.

1737.
4. May ✝

Maximilian Franz Maria des H. R. R. Graf von Seinsheim, Kapitular Grofs - Commenthur &c.

1738.
8. April ✝

Weyl. der durchl. Fürft und Hr. Hr. Maximilian in Ober - und Niederbaiern, auch der obern Pfalz Herzog, Pfalzgraf bey Rhein, Landgraf zu Leuchtenberg &c. &c. Kapitular Grofs - Commenthur hochftfeligen Angedenkens.

1738.
7. Nov. ✝

Georg Chriftoph Sigmund des H. R. R. Graf und Herr von Thierheim, Kapitular Grofs - Commenthur &c.

1739.
1. Dec. ✝

Johann Maximilian Ferdinand Felix des H. R. R. Graf von Preyfing, Freyherr zu alten Preyfing genannt, Cronwinkel, Grofs-Commenthur &c.

1742.
12. Merz ✝

Chriftoph Adam Judas Thadeus des H. R. R. Freyherr von Freyberg, Kapitular Grofs - Commenthur &c.

1744.
15. May ✝

Weyl. der durchl. Fürft und Herr Herr Jofeph Landgraf zu Heffenrheinfels &c.&c. Grofs-Commenthur, hochftfel. Angedenkens.

Ema-

1746. 6. May ✝	Emanuel Graf von Bajern Grand von Hispanien, 1mæ classis, Grofs-Commenthur.
1750. 6. Nov. ✝	Johann Georg des H. R. R. Graf von Königsfeld auf Zaiz und Pfackofen, Kapitular Grofs-Commenthur.
1755. 1. Oct. ✝	Maximilian Emanuel von Bertrand Graf von Perusa — Criechingen, Grofs-Commenthur &c.
1758. 7. Dec. ✝	Osalco Graf Minucci von Odl- und Adlshausen, Kapitular Grofs-Commenthur.
1762. 27. Jen. ✝	Johann Franz des H. R. R. Freyherr von und zu Gumppenberg auf Potmös, Grofs - Commenthur &c.
1763. 8. Aug. ✝	Joseph Felix des H. R. R. Graf von Törring zu Jettenbach, Kapitular Grofs - Commenthur &c.
1764. 2. May ✝	Johann Maximilian des H. R. R. Graf von Preysing, Freyherr zu alten Preysing genannt, Cronwinkel, Kapitular Grofs-Commenthur, und erster Grofskanzler &c.
1765. 30. Oct. ✝	Carl Seyfrid Ferdinand des H. R. R. Graf von Königsegg und Rottenfels, Grofs-Commenthur &c.
1766. 0. Merz ✝	Clemens des H. R. R. Graf von Törring und Dengling, Kapitular Grofs - Commenthur.
Eod. 16. Juny ✝	Johann Christian des H. R. R. Graf von Königsfeld, Grofs-Commenthur &c.
1769. 10. Dec. ✝	Weyl. Joseph Friderich Ernest des H. R. R. Furst zu Hohenzollern

ern Graf zu Sigmaringen, und Vehringen, Grofs-Commenthur &c. hochseligen Angedenkens.

1770. 26. Jen. ✝	Joseph Aloysi Franz des H. R. R. Freyherr von Edelwek, Grofs-Commenthur &c.
Eod. 5. Dec. ✝	Johann Carl des H. R. R. Graf von Preysing, genannt Cronwinkel, Grofs-Commenthur &c.
1772. 28. April ✝	Franz Johann Hyeronimus Graf von Spreti, Kapitular Grofscommenthur.
1772. 14. May ✝	Johann Joseph Franz Albrecht Thade des H. R. R. Graf von Paumgarten zum Fraunstein, Kapitular Grofs-Commenthur &c.
1773. 13. Merz ✝	Maximilian Emanuel des H. R. R. Graf und Herr von Torring und Cronsfeld, Kapitular Grofs-Commenthur &c.
1774. 4. Nov. ✝	Aloysius Bonaventura Graf von Preysing, Freyherr von alten Preysing, genannt Cronwinkel, Grofs-Commenthur, und infulirter Ordensprobst &c.
1778. 28. July ✝	Max. Felix Freyherr Speth von Zwifalten, Grofs-Commenthur &c.
Eod. 30. Oct. ✝	Max. Emanuel des H. R. R. Freyherr non und zu Sandizell Kapitular Grofs-Commenthur &c.
1779. 26. Dec. ✝	Philipp Karl von Fechenbach des hohen Ritterordens dann zu Tenaria Bischof und Grofskreutzherr.
1780. 22. May. ✝	Franz Ludwig des H. R. R. Graf von Holnstein, aus Bayer Kapitular Grofscommenthur.

Com-

Commenthuren.

1736. 20. May ✝	**G**eorg Joseph Anton des H. R. R. Freyherr von Closen zu Haidenburg des Churb. militarisch hohen R. O. St. Georgii Commenthur &c.
1736. 13. Sept. ✝	Maximilian Joseph des H. R. R. Graf von Taufkirchen, Commenthur und Kapitularherr &c.
1737. 26. Jen. ✝	Joseph des H. R. R. Graf von Taufkirchen zu Guttenburg, Commenthur, und Kapitularherr &c.
1738. 17. Aug. ✝	Johann Max. des H. R. R. Graf von Seinsheim zu Weng, Commenthur, und Kapitularherr &c.
1739. 2. July ✝	Georg Joseph des H. R. R. Freyherr von Gumppenberg, Commenthur &c.
Eod. 25. Oct. ✝	Adam Friderich des H. R. R. Graf von Satzenhofen, Commenthur, und Kapitularherr &c.
Eod. 19. Nov. ✝	Georg Franz Anton des H. R. R. Graf von Closen, Freyherr zu Arnstorf und Gern, Commenthur, und Kapitularherr &c.
1742. 2. Febr. ✝	Carl Aloysius de Feys Graf von Piosasque, Commenthur, und Kapitularherr &c.
1744. 10. Nov. ✝	Friderich Anton Marquard des H. R. R. Erbtruchsess, Graf von Waldburg, Commenthur &c.
1747. 29. May ✝	Carl des H. R. R. Graf von Lodron, Commenthur, und Kapitularherr &c.

Pro-

1750. 20. Merz †	Prospero Maleguzzi Comte del Castello di Gove, Commenthur &c.
Eod. 4. April †	Joseph Hannibal Mayrhofer, von Goburg und Anger, Commenthur, und Kapitularherr &c.
1751. 6. Juny †	Maximilian Joseph Fugger des H. R. R. Graf von Kirchberg auf Zinneberg, Commenthur, und Kapitularherr &c.
1752. 12. Dec. †	Joseph Clemens Hund des H. R. R. Graf von und zu Lautterbach, Commenthur, und Kapitularherr &c.
Eod. 22. Dec. †	Johann Franz Maria des H. R. R. Freyherr von Neuhaus, Commenthur, Kapitularherr und Ordensceremoniarius &c.
1753. 28. Febr. †	Johann Joseph Friderich von Hirschberg, Commenthur &c.
1756. 25. Dec. †	Johann Georg des H. R. R. Graf von Königsfeld, Commenthur und Kapitularherr &c.
1760. 16. Aug. †	Joseph Maria des H. R. R. Freyherr von Neuhaus, Commenthur und Kapitularherr &c.
1761. 10. May †	Max. Joseph Franz Fugger des H. R. R. Graf von Kirchberg, Commenthur, Kapitularherr und Ordensschatzmeister &c.
1762. 24. Oct. †	Joseph Anton des H. R. R. Graf von Törring Seefeld, Commenthur und Kapitularherr &c.
1763. 24. Merz †	Cajetan Joseph Fugger des H. R. R. Graf von Kirchberg, zu Kirchheim, Commenthur, und Kapitularherr &c.

Jo-

1764. 21. July ✝	Joseph Maria Fugger des H. R. R. Graf von Kirchberg zu Wollenburg, Commenthur &c.
1767. 22. Febr. ✝	Joseph Guido Fugger des H. R. R. Graf von Taufkirchen, Commenthur, Kapitularherr und Ordens schatzmeister &c.
Eod. 30 July ✝	Mathias Joseph von und zu Murach, Commenthur &c.
1769. 21. Jen. ✝	Max. Joseph des H. R. R. Graf von Torring und Tehgling auf Jettrenbach, Commenthur &c.
Eod. 28. Aug. ✝	Carl Joseph des H. R. R. Graf von Taufkirchen zu Engelburg, Commenthur und Kapitularherr &c.
1772. 28. May ✝	Joseph Dominicus Benedict des H. R. R. Graf von Taufkirchen zu Engelburg, Commenthur, und zweyter Ordensdechant.
1774. 10. Dec. ✝	Carl Caspar Graf von Livizzani, Commenthur, Kapitularherr und Ordensschatzmeister &c.
1777. 28. Febr. ✝	Joseph Maria des H. R. R. Freyherr von Losch zum Stain, Commenthur und Kapitularherr &c.
Eod. 20. April ✝	Carl Ignatz des H. R. R. Freyherr von Baaden, Commenthur, und erster Ordensdechant &c.

Ritter.

1732. 22. Dec. ✝	Clemens Franz Aloyſi Pancratz des H. R. R. Graf von Rechberg von Rottenlowen, des Churbaier. milit. hohen R. O. S. Georgii Ritter &c.
1737. 17. Febr. ✝	Georg Joſeph des H. R. R. Graf von Seinsheim zu Weng, Ritter &c.
Eod. 28. Febr. ✝	Georg Joſeph Graf von Königsfeld, Ritter &c.
1738. 8. Merz ✝	Jeremias Mayrhofer, von Coburg und Anger, Ritter &c.
1739. 12. Aug. ✝	Max. Fugger des H. R. R. Graf von Kirchberg auf Zinnenberg, Ritter &c.
1741. 21. Jen. ✝	Veit Joſeph Felix Adam des H. R. R. Graf von Seybolſtorff, Ritter &c.
1745. 12. Merz ✝	Johann Benno Ernſt des H. R. R. Freyherr von Rechberg zu Hohenrechberg, Ritter &c.
Eod. 28. April ✝	Joſeph Sigmund des H. R. R. Graf von Thierheim, Ritter &c.
1746. 23. May ✝	Johann Joſeph Anton Freyherr von Notthaft zum Weiſſenſtein auf ober Pöring, Ritter &c.
1747. 4. Juny ✝	Max. Ludwig des H. R. R. Freyherr von und zu Fraunhofen, Ritter &c.
Eod. 30. Juny ✝	Ladislaus Joſephus Nonoſus des H. R. R. Freyherr von Gumppenberg, ritterbürtiges Ordensmitglied und Capellanus &c.

1750. 27. May ✝	Max. Emanuel des H. R. R. Freyherr von Neuhaus, Ritter &c.
1751. 7. Aug. ✝	Felix. Matheus Anton von und zu Murach, Ritter &c.
1756. 4 May ✝	Philipp Heinrich von Rathfamhaufen, Ritter &c.
1757. 16. May ✝	Johann Jofeph Max. Graf von Burgau, Ritter &c.
Eod. 30. Sept. ✝	Johann Franz de Paula des H. R. R. Graf von Preyfing in Moos, Ritter &c.
1759. 31. Jen. ✝	Carl Sebaftian des H. R. R. Graf von Paumgarten Fraunftein, Ritter &c.
Eod. 6. May ✝	Carl Albert des H. R. R. Graf von Arco, Ritter &c.
1766. 2. Dec. ✝	Johann Lambert Graf von Konigsfeld, Ritter &c.
1767. 15. Dec. ✝	Franz Leo Xaveri des H. R. R. Freyherr von Rechberg zu Hohenrechberg, Ritter &c.
1770. 9. Febr. ✝	Carl Dietrich Loohner von Huttenbach, Ritter &c.
1775. 26. May ✝	Franz Bernhard Jofeph des H. R. R. Graf von Muggenthal, Ritter &c.
1776. 13. July ✝	Andreas Anton Graf Capris, Ritter &c.
1780. 30. Mart. ᴙ ✝	Jofeph Dominicus des H. R. R. Graf von Fugger zu Kirchberg und Weiflenhorn, Ritter &c.

Calender

auf das

Jahr

nach der Hundertjährigen

Geburt

Christi unsers Erlösers

ALLMANACH

auf das

JAHR

nach Christi Geburt

1783.

Die goldene Zahl ift 17. Der Sonenzirkel. 28. Epakta, oder Mondszeiger XXVI. Der Sonntagsbuchftabe E.

Zwifchen Weyhnachten und Herrnfafsnacht find 9 Wochen 6 Tage.

Von den Finfterniffen.

Die gröfsere 2 HimmelslichterSonn u. Mond werden in diefem 1783. Jahre fechsmal verfinftert, davon uns aber die 4 Sonnenfinfterniffen unfichtbar, die 2 Mondsfinfterniffen aber fichtbar feyn werden. Die erfte Sonnenfinfternifs ift unfichtbar den 3. März gegen Süden. Die zweyte begiebt fich den 1. April, und die dritte den 27. Auguft : beyde unfichtbar gegen Mitternacht. Die vierte ereignet fich den 26. September Mittags oder Südfeits, ift gleichfalls unfichtbar. Die erfte fichtbare Mondsfinfternifs gefchieht den 18. März: der Anfang ift um 8 Uhr 23 Min Abends ; die gröfste Verfinfterung um 9 Uhr 20 Min.; der Abgang des Lichts, oder die Emerfion gefchieht an dem nordlichen Theile der Mondsfcheibe, und wird wahrgenommen um 11 Uhr 1 Min. beträgt aug 19 Zoll, 9 Min.; das Ende um 12 Uhr 3 Min. fruh. Die zweyte fichtbare Mondsfinfternifs ift den 11. September: der Anfang begiebt fich um 10 Uhr 40 Min. Nachts, die gröfste Verfinfterung ereignet fich um 11 Uhr 39 Min., das Ende ift um 2 Uhr 17 Min. fruh. Die Grofse der Finfternifs beträgt 20 Zoll, 59 Min. Nordwärts.

JA-

JANUARIUS.

Mitw.	1 a *Neu Jahr.*	
Donn.	2 Macarius	
Freyt.	3 Genovefa.	*Neulicht.*
Samſt.	4 Titus Biſchof.	● um 8 Uhr 40 Min. Fr.

Als Herodes geſtorben war. Matth. 2.

Sonnt.	5 F Teleſphorus.	deutet auf Nebel und
Mont.	6 *Heil. 3. König.*	groſse Kälte.
Dienſt	7 Julian. M.	
Mitw.	8 Erhard. Sev.	
Donn.	9 Marcellin.	
Freyt.	10 Paul Einſ.	*Erſtes Viertel.*
Samſt.	11 Hyginus P.	☽ um 10 Uhr 43 Min. Fr.

Da JESUS 12 Jahr alt war. Luc. 2.

Sonnt.	12 E 1 Erneſtus.	die kalte Witterung
Mont.	13 Hilarius.	haltet noch an.
Dienſt	14 Malachias	
Mitw.	15 Maurus Abt.	
Donn.	16 Honoratus	
Freyt.	17 Anton Einſ.	
Samſt.	18 Priſca J. M.	*Vollmond.*

Von der Hochzeit zu Kana. Joh. 2.

Sonnt.	19 E 2 *Nam. I.*	● um 3 Uhr 14 Min. N.
Mont.	20 Fab. Sebaſt.	wird gelind Wetter, die
Dienſt	21 Agnes J.	Winde blaſen ſehr, und
Mitw.	22 Vincentius	treiben friſchen Schnee
Donn.	23 Mar. Verm.	zuſamm.
Freyt.	24 Timotheus.	
Samſt.	25 Pauli Bekehr.	

Von des Hauptmanns Knecht. Mätth. 8.

Sonnt.	26 F. Polyharp.	*Leztes Viertel.*
Mont.	27 Johann Chryſ.	☾ um 3 Uhr 53 Min. Fr.
Dienſt	28 Karol. Mag.	bringt viel Schnee, dar-
Mitw.	29 Franc. Sal.	auf Nebel nnd ſtarker
Donn.	30 Martina J.	Froſt.
Freyt.	31 Petrus Nol.	

Thorſperr vom 1 bis 15 um halbe 5 Uhr, vom 16.
bis 31 um 5 Uhr.

FEBRUARIUS.

Samſt.	1 Ignatius M.	*Neulicht.*

Vom Schiflein Chriſti. Math. 8.

Sonnt.	2 F. 4 Mar. Licht.	☉ um 3 Uhr 0 Min. N.
Mont.	3 Blaſius B.	zielt auf unbeſtängig
Dienſt	4 Andre. Corf.	Wetter, bald hell, bald
Mitw.	5 Agatha J.	gewölkig, bald Schnee,
Donn.	6 Dorothea.	bald Regen.
Freyt.	7 Romualdus.	
Samſt.	8 Joh. v. Mat.	

Vom Saamen und Unkraut. Matth. 13.

Sonnt.	9 E 5 Aoollon. J.	*Erſtes Viertel.*
Mont.	10 Wilhelm. Scol.	☽ um 6 Uhr 32 Min Fr.
Dienſt	11 Euphraſia.	es fängt wiederum an
Mitw.	12 All. Faſsnacht.	kalt zu werden.
Donn.	13 F. Aſcherm.	
Freyt.	14 Valentinus.	
Samſt.	15 Fauſt. M.	

Von dem Weinberge. Matth. 20.

Sonnt.	16 E Septuageſ.	
Mont.	17 Donatus.	*Volle Licht.*
Dienſt	18 Simeon.	☉ um 8 Uhr 10 Min. Fr.
Mitw.	19 Manſuetus.	mit unfreundlicher naſs-
Donn.	20 Eucharius.	kalter Witterung.
Freyt.	21 Eleonora.	
Samſt.	22 Marg. v. Ev.	

Von vielerley Aeckern. Luc. 8.

Sonnt.	23 E Sexageſ.	
Mont.	24 Mathias Ap.	*Leztes Viertel.*
Dienſt	25 Walburga.	☾ um 12 Uhr 27 Min. N.
Mitw.	26 Mechtildis J.	mittelmäſsig - leidentli-
Donn.	27 Navig.	che Kälte.
Freyt.	28 Romanus.	

Thorſperr vom 1 bis 15 um halbe 6 Uhr, vom 16
bis 28 um 6 Uhr.

MAR-

MARTIUS.

Samſt.	1 Albinus B.	

Vom Leiden Chriſti, und den Blinden am Weg. Luc. 18

Sonnt.	2 E 3 Quinq. Faſsn.	
Mont.	3 Kunigunda K.	*Neulicht.*
Dienſt	4 All. Faſsn.	☉ um 8 Uhr 12 Min. Fr
Mitw.	5 F. Aſcherw.	mit unſichtb. Sonnenfin-
Donn.	6 Coleta J.	ſterniſs, Schnee und Re-
Freyt.	7 Thomas Aq.	gen vermiſchtes Wetter
Samſt.	8 Joh. de Deo.	

Von der Verſuchung Chriſti. Matth. 4.

Sonnt.	9 E 1 Invocabit.	
Mont.	10 40 Martyr.	
Dienſt	11 Roſina. J.	*Erſtes Viertel.*
Mitw.	12 F. Quatemb.	☽ um 3 Uhr 1 Min. Fr.
Donn.	13 Euphroſina.	die Kälte beginnt an-
Freyt.	14 F. Mathildis.	noch nicht zu vergehen.
Samſt.	15 F. Longinus.	

Von der Verkläruog Chriſti. Matth. 17.

Sonnt.	16 E. 2 Reminiſc.	
Mont.	17 Gertraud J.	
Dienſt.	18 Cirillus.	*Volle Liecht.*
Mitw.	19 Joſephus.	● um 10 Uhr 19 Min. Fr.
Donn.	20 Nicetus.	mit ſichtb. Mondsfiuſter-
Freyt.	21 Benedictus.	niſs, deutet auf unfreund-
Samſt.	22 Fidelis.	liche Witterung.

Von Austreibung des Teufels. Lnc. 11.

Sonnt.	23 E. 3 Oculi.	
Mont.	24 Gabriel Erz.	
Dienſt	25 Mar. Verk.	
Mitw.	26 Caſtulus.	
Donn.	27 Rupertus B.	
Freyt.	28 Gründonnerſt.	*Leztes Viertel.*
Samſt.	29 Ludolphus.	☾ um 7 Uhr 4 Min. Fr.

Von Speiſung 5000 Mann. Joh. 6.

Sonnt.	30 E 4 Lätare.	nun fängts an ſchön
Mont.	31 Balbina.	Wetter zu werden.

*Thorrſperr vom 1 bis 15 um 6 Uhr, vom 16 bis
31 um halbe 7 Uhr.*

APRI-

APRILIS.

Dienſt	1	Hugo B.	*Neumond.*
Mitw.	2	Franc. de Paul.	◯ um 9 Uhr 52 Min. N.
Donn.	3	Richardus.	mit unſichtb. Sonnenfin-
Freyt.	4	Iſidorus.	ſterniſs, in der Frühe
Samſt.	5	Vincentius.	Reif, und ſtarker Froſt.

Die Juuen wollten Jeſ. ſtein. Joh. 8.

Sonnt.	6	E 5 *Judica.*	
Mont.	7	Germanus.	
Dienſt	8	Irenäus.	
Mitw.	9	Maria Cleop.	
Donn.	10	Ezechiel Pr.	*Erſtes Viertel.*
Freyt.	11	Leo Pabſt.	☽ um 4 Uhr 30 Min. Fr.
Samſt.	12	Zeno. M.	anfangs etwas feucht, in

Von der Einreitung Chriſti. Matth. 21.

Sonnt.	13	E 6 *Palmtag.*	der Mitte und am Ende
Mont.	14	Tiburtius.	trocken.
Dienſt	15	Anaſtaſia.	
Mitw.	16	Turibius.	
Donn.	17	Gründonnerſt.	*Vollmond.*
Freyt.	18	Chorfreytag.	◯ um 9 Uhr 33 Min. Fr.
Samſt.	19	Chorſamſtag.	läſst ſich gut an bis ge-

Von der Auferſtehung Chriſti. Marc. 16.

Sonnt.	20	E *Heil. Oſterſag.*	gen Ende, da Regen und
Mont.	21	*Oſtermontag.*	Nebel zu erwarten.
Dienſt	22	Sot. und Caj.	
Mitw.	23	Adalbertus.	
Donn.	24	Georgius.	*Leztes Viertel.*
Freyt.	25	Marcus Evang.	☾ um 1 Uhr 24 Min. Fr.
Samſt.	26	Cletus P.	mit unbeſtändigen ver-

Jeſus kommt durch verſchloſſener Thür. Joh. 20.

Sonnt.	27	E 1 *Quaſim.*	änderlichen Aprilwet-
Mont.	28	Vitalis M.	ter.
Dienſt	29	Petrus. M.	
Mitw.	30	Kath. v. Sien.	

Thorſperr vom 1 bis 15 um 7 Uhr, vom 16 bis lezten um halbe 8 Uhr.

MAJUS.

MAJUS.

Donn.	1	Phil. und Jacob.	*Neumond.*
Freyt.	2	Athanasius.	○ um 12 Uhr 1 Min. M
Samft.	3	H. † Erfind.	mit zwar frischem abe

Vom guten Hirten. Joh. 10.

Sonnt.	4	E 2 *Miseric.*	angenehm - und liebli
Mont.	5	Godehardus.	chem **Wetter.**
Dienst	6	Joh. lat. Po.	
Mitw.	7	Stanisl. B.	
Donn.	8	Mich. Erschein.	
Freyt.	9	Gregor. Naz.	*Erstes Viertel.*
Samft.	10	Antonin B.	☽ um 3 Uhr 35 M. N

Ueber ein kleines werdet. Joh. 16.

Sonnt.	11	E 3 *Jubilate.*	mit fruchtbarem Regen
Mont.	12	Pancratius.	ist veränderlich Wet
Dienst	13	Serfacius.	ter.
Mitw.	14	Bonifacius	
Donn.	15	Sophia.	
Freyt.	16	Joh. Nepomuc.	*Vollmond.*
Samft.	17	Possidius B.	● um 6 Uhr 14 Min. N

Ich gehe zu dem, der mich. Joh. 16

Sonnt.	18	E 4 *Canate.*	bringt schön Maywet-
Mont.	19	Petrus Cölest.	ter.
Dienst	20	Bernardin.	
Mitw.	21	Constant.	
Donn.	22	Helena J.	
Freyt.	23	Desiderius.	*Leztes Viertel.*
Samft.	24	Johanna.	☾ um 8 Uhr 37 Min. Fr

So ihr den Vater bittet. Joh. 16.

Sonnt.	25	E 5 *Rog.* † W.	mit warmen Tägen, und
Mont.	26	Philipp. Neri.	kühlen Nächten.
Dienst	27	Beada Pr.	
Mitw.	28	Lanfranc.	
Donn.	29	*Chr. Himlf.*	
Freyt.	30	Felix Pabst.	*Neumond.*
Samft.	31	Petronilla J.	○ um 2 Uhr 56 Min. N

Thorsperr vom 1 bis 31 um 8 Uhr.

Wenn der Tröster kommen wird. Joh. 15.

Sonnt.	1	E 6 Exaudi.
Mont.	2	Erasmus B.
Dienst	3	Olivia. J.
Mitw.	4	Quirinus.
Donn.	5	Bonifacius.
Freyt.	6	Norbertus.
Samst.	7	F Robertus.

Wer mich liebet. Joh. 4.

Sonnt.	8	E Hei . Pfingst.	Erstes Viertel.
Mont.	9	Pfinzstmontag.	☽ um 5 Uhr 37 Min. Fr.
Dienst	10	Margar. K.	mit schönen warmen Tä-
Mitw.	11	F Quatember.	gen, am Ende Hochge-
Donn.	12	Johann Fac.	witter.
Freyt.	13	F Ant. Pad.	
Samst.	14	F Blasius.	

Mir ist geben aller Gewalt. Matth. 28.

Sonnt.	15	E 1 Heil. Dreyf.	Vollmond.
Mont	16	Benno B.	● um 1 Uhr 26 Min. Fr
Dienst	17	Franc. Reg.	die gute Witterung con-
Mitw.	18	Marcellian.	tinuiret.
Donn.	19	Fronleichnam.	
Freyt.	20	Silver.	
Samst.	21	Aloysius.	Leztes Viertel.

Von dem grossen Abendmahl. Luc. 14.

Sonnt.	22	E Achatius.	☾ um 5 Uhr 51 Min.
Mont.	23	F Ediltrud.	mit fruchtbarem Regen,
Dienst	24	Joh. Tauf.	und guten Wachsthum.
Mitw.	25	Gallican.	
Donn.	26	Joh. u. Paul.	
Freyt.	27	Herz Jesufest.	
Samst.	28	F. Leo P.	

Vom verlohrnen Schaaf. Luc. 15.

Sonnt.	29	G 3 Petr. u. Paul, u. Gedächt all. H. Ap.	Neumond.
			◉ um 5 Uhr 49 Min. N.
Mont.	30	Pauli Ged.	

Thorsperr vom ersten bis lezten um halbe 9 Uhr.

JULIUS.

Dienſt	1	Aaron.
Mitw.	2	Mar. Heimſ.
Donn.	3	Eulogius.
Freyt.	4	Udalricus.
Samſt.	5	Domitius.

Vom Reichen Fiſchzug Petri. Luc. 5.

Sonnt.	6	E 4 Wilibaldus.	*Erſtes Viertel.*
Mont.	7	Kilianus.	☽ um 4 Uhr 40 Min. N.
Dienſt	8	Cyrillus.	mit gutem Wetter, folgt
Mitw.	9	Amalia.	Schauer, und Hochge-
Donn.	10	Pius I. P.	witter.
Freyt.	11	Joh. Qual.	
Samſt.	12	Eugenius.	

Von der wahren Gerechtigkeit. Matth. 5.

Sonnt.	13	E 5 Bonaven.	*Volle Licht.*
Mont.	14	Henricus.	◉ um 7 Uhr 55 Min. Fr.
Dienſt	15	Fauſtus.	mit heftigen Sturmwin-
Mitw.	16	Alexius.	den.
Donn.	17	Fridericus.	
Freyt.	18	Vinc. a Paul.	
Samſt.	19	Margaretha.	

Von Speiſung 4000 Mann. Marc 8.

Sonnt.	20	E. 6 Scanulf.	*Leztes Viertel.*
Mont.	21	Mar. Magd.	☾ um 5 Uhr 40 Min. Fr.
Dienſt	22	Apollinar.	mit lieblich - und auge
Mitw.	23	Chriſtina.	nehmer Witterung.
Donn.	24	Jacob Ap.	
Freyt.	25	Anna Mut.	
Samſt.	26	Pantaleon.	

Von falſchen Propheten. Matth. 7.

Sonnt.	27	F. 10 Nazarius.	
Mont.	28	Martha.	
Dienſt	29	Abdon u. Sen.	*Neulicht.*
Mitw.	30	~~Ignat. Troj.~~	● um 8 Uhr 43 Min. Fr.
Donn.	31	~~Ignat. Duj.~~	mit fruchtbarer Zeit.

Thorſperr vom 1 *bis* 15 *um halbe* 9 *Uhr,* vom 1
bis 31 *um* 8 *Uhr.*

AU-

AUGUSTUS.

Freyt.	1 Petri Kettenf.	
Samft.	2 Portiun. A.	

Vom ungerechten Haushalter. Luc. 16.

Sonnt.	3 E 8 Steph. Erfi.	
Mont.	4 Dominicus.	
Dienft	5 Mar. Schn.	
Mitw.	6 Verkl. Chrift.	*Erftes Viertel.*
Donn.	7 Cajetanus.	☽ um 12 Uhr 55 Min. Fr.
Freyt.	8 Cyriacus.	mit ziemlich warmem
Samft.	9 Romanus.	Wetter, Blitz u. Donner.

Von der Zerftöhrung Jerufalem. Luc. 19.

Sonnt.	10 F 9 Laurent. M.	
Mont.	11 Sufanna.	
Dienft	12 Clara J.	*Vollmond.*
Mitw.	13 Hypolitus.	● um 3 Uhr 17 Min. N.
Donn.	14 F. Eufebius.	mit unbeftändiger Wit-
Freyt	15 Mar. Himmelf.	terung.
Samft.	16 Roch. Alip.	

Vom Publican und Pharif. Luc. 10.

Sonnt.	17 E 10 Joachim.	
Mont.	18 Helena K.	
Dienft	19 Marian.	*Leztes Viertel.*
Mitw.	20 Bernardus Abt.	☾ um 8 Uhr 17 Min. N.
Donn.	21 Burchardus.	fchön und auhaltende
Freyt.	22 Symphor.	**Tage.**
Samft.	23 Philip.	

Vom Taub und Stummen. Marc. 7.

Sonnt.	24 E 11 Barthol. A.	
Mont.	25 Ludwg K.	
Dienft	26 Samuel.	
Mitw.	27 Gebhardus.	*Neulicht.*
Donn.	28 Auguftinus.	◐ um 11 Uhr 15 Min. N.
Freyt.	29 Joh. Enthaupt.	mit unfictb. Sonnenfinft.
Samft.	30 Rofa v. Lima.	

Vom Priefter und Leviten. Luc. 10.

Sonnt.	31 E 12 Schuzengf.	

Thorfperr vom 1 bis 15 um 8 Uhr, vom 16 bis 31
um halbe 8 Uhr.

SEP-

SEPTEMBER.

ont.	1	Egidius Abbt.	
enft	2	Steph. Kö.	
itw.	3	Seraph.	*Erftes Viertel.*
onn.	4	Rofalia.	☽ um 7 Uhr 5 Min. Fr.
eyt.	5	Laurent. Juft.	anfangs warm, hernach
mft.	6	Magnus Ab.	kalt, und Reife.

Von den 10. Auffäzigen. Luc. 17.

nnt.	7	E 13 Regina J.	
ont.	8	*Maria Geb.*	
ienft	9	Gorgonius.	
litw.	10	Nicol. v. Tol.	*Volle Lichte*
onn.	11	Prothus M.	◉ um 12 Uhr 27 Min. Fr.
eyt.	12	Quido B.	mit fichtbarer Monds-
amft.	13	Tobias Pr.	finfternifs, bringt gute

Niemand kann 2. Herren dienen. M. 6.

onnt.	14	E 14 *Mar. Na.*	fruchtbare Herbftzeit.
ont.	15	Nicomedes.	
ien.	16	Cornelius.	
itw	17	F Quatember.	
onn.	18	Thom. v. Vil.	*Leztes Viertl*
reyt.	19	F Januarius.	☾ um 1 Uhr 39 Min N.
amft.	20	F Euftachius.	Nebel, Regen, u. Reife.

Von der Wittwe zu Naim. Luc. 7.

onnt.	21	E 15 Math. Ap.	
Mont.	22	Emeramus.	
Dienft	23	Thecla J.	
Mitw.	24	Gerhard.	
Donn.	25	Cleophas.	
Freyt.	26	Juftina Jungf.	*Neulicht.*
Samft.	27	Cofm. u. Dam.	● um 1 Uhr 8 Min. N.

Vom Wafferfüchtigen. Luc. 14.

Sonnt.	28	E 16 Wencesl.	mit unfichtbarer Son-
Mont.	29	Michael Erzen.	nenfinfternifs, verän-
Dienft.	30	Hieronym.	derlich.

Thorfperr vom 1. bis 15. um 7 Uhr, vom 16 bis 30. um halb 7. Uhr.

OCTO-

OCTOBER.

Mitw.	1	Remigius B.	
Donn.	2	Leodegarius.	
Freyt.	3	Candidus.	*Erſtes Viertl.*
Samſt.	4	Franz Sera.	☽ um 1 Uhr 12 Min. N.

Vom gröſsten Geboth. Matth. 22.

Sonnt.	5	F. 17 Roſenk. F.	mit zwar ſchöner aber
Mont.	6	Bruno Ordensſt.	friſcher Witterung.
Dienſt	7	Marc. P.	
Mitw.	8	Birgitta.	
Donn.	9	Dionyſius.	
Freyt.	10	Franc. Bor.	*Vollmond.*
Samſt.	11	Germanus.	● um 12. Uhr 1. Min. M.

Von dem Gichtbrüchigen. Math. 9.

Sonnt.	12	E 18 Maximil.	zeigt ſich unbeſtäſtig,
Mont.	13	Eduardus.	unveränderlich.
Dienſt	14	Calliſtus.	
Mitw.	15	Thereſia J.	
Donn.	16	Gallus Abt.	
Freyt.	17	Hedwig K.	
Samſt.	18	Lucas Ev.	*Leztes Viertl.*

Vom hochzeitlichen Kleid. Math. 22.

Sonnt.	19	E 19 Ferdinand.	☾ um 9 Uhr 9 Min. Fr.
Mont.	20	Wendelin.	regneriſch und naſskelt.
Dienſt	21	Urſula.	
Mitw.	22	Cordula.	
Donn.	23	Joh. Bon.	
Freyt.	24	Rapha. Erz.	
Samſt.	25	Chryſantus.	

Von des Königs Sohn. Joh. 14.

Sonnt.	26	E 26 Evariſtus.	*Neumond.*
Mont.	27	Sabina.	○ um 1 Uhr 39 Min. Fr.
Dienſt	28	Simon u. J.	mit Nebel und Reife.
Mitw.	29	Narciſſus.	
Donn.	30	Serapion.	
Freyt.	31	F Wolfgang.	

Thorſperr vom 1. bis 15. um 6. Uhr, vom 16. bis 31. um halber 6. Uhr.

NOVEMBER.

Samſt.	1	*Aller Heil.*	*Erſtes Viertel.*

Von des Königs Rechnung. Math. 18.

Sonnt.	2	E 21 Victorin.	☽ um 7 Uhr 59 Min. N
Mont.	3	Aller Seelen.	bringt heitere und fri-
Dienſt	4	Carol. Bor.	ſche Tage.
Mitw.	5	Zacharias.	
Donn.	6	Leonardus.	
Freyt.	7	Engelbert.	
Samſt.	8	Godefridus	

Von dem Zinnsgroſchen. Math. 22.

Sonnt.	9	E 22 Theodorus.	*Volle Licht.*
Mont.	10	Andreas Avell.	☉ um 2 Uhr 32 Min. Fr
Dienſt	11	Martin. B.	mit Nebel vermiſchter
Mitw.	12	Martin. P.	Sonnenſchein.
Donn.	13	Stanislaus.	
Freyt.	14	Albertus.	
Samſt.	15	Leopoldus B.	

Vom Senftkörnlein, Math. 13.

Sonnt.	16	E 23 Edmund.	*Leztes Viertl.*
Mont.	17	Gregor. Tav.	☽ um 5 Uhr 32 Min. Fr
Dienſt	18	Otto Abbt.	iſt veränderlich, docl
Mitw.	19	Eliſabeth.	nicht zu kalt,
Donn.	20	*Corbinian. Erh.*	
Freyt.	21	Mar. Opfer.	
Samſt.	22	Cäcilia Jungf.	

Vom Greul der Verwüſtung. Math. 24.

Sonnt.	23	E 24 Clemens P.	
Mont.	24	Johann v. Kr.	*Neulicht.*
Dienſt	25	Catharina,	☉ um 1 Uhr 19 Min. N
Mitw.	26	Conradus.	geht gut ein, und ver
Donn.	27	Virgilius.	ſpricht einen Schnee.
Freyt.	28	Jeremias.	
Samſt.	29	Saturnius.	

Es werden Zeichen geſchehen. Luc. 21.

Sonnt.	30	E 1 *Advent.*	

Thorſperr vom 1. bis lezten durchgängig um 5. Uh

DE-

DECEMBER.

Mont.	1	Eligius B.	*Erstes Viertl.*
Dienst	2	Bibiana.	☽ um 4 Uhr 50 Min. Fr.
Mitw.	3	F. Franc. Xav.	mit trocknen und neb-
Donn.	4	Barbara.	lichten Tägen.
Freyt.	5	F. Sabbas.	
Samst.	6	Nikolaus B.	

Von Johannes in der Gefängnifs. Math. 11.

Sonnt.	7	E 2 Adv. Ambrof.	
Mont.	8	*Mariä Empf.*	*Volle Licht.*
Dienst	9	Leocadia.	● um 7 Uhr 41 Min. N.
Mitw.	10	F Melchiades.	mit vielen Reif und Ne-
Donn.	11	Damasus.	beln.
Freyt.	12	F Synesius.	
Samst.	13	Lucia Ottil.	

Vom Zeugnifs Johannis. Joh. 1.

Sonnt.	14	E 3 Advent.	
Mont.	15	Irenäus	
Dienst	16	Adelhaid.	
Mitw.	17	F Quatember.	*Leztes Viertel.*
Donn.	18	Gratianus.	☾ um 12 Uhr 55 Min Fr
Freyt.	19	F Nemesius.	mit anwachf. Kälte.
Samst.	20	F Christianus.	

Im 15. Jahr Kaifers Tiberii. Luc. 2.

Sonnt.	21	F 4 Adv. Thom.	
Mont.	22	Demetrius.	
Dienst	23	Victoria.	
Mitw.	24	F Adam, Eva.	*Neulicht.*
Donn.	25	H. Chrifttag.	○ um 12 Uhr 16 Min. Fr.
Freyt.	26	Stephan. Erzm.	die Kälte ift erträglich,
		u. Ged. all. H. Mart.	folgt Schnee.
Samst.	27	Johan. Evan.	

Chrifti Aeltern verwundern fich. Luc. 2.

Sonnt.	29	E Unfchl. Kind.	
Mont.	29	Thom. Bifch.	
Dienst	30	David König.	*Erftes Viertel.*
Mitw.	31	Silvefter B.	☽ um 4 Uhr 26 Min. N

Thorfperr vom 1. bis lezten um halb 5. Uhr.